CARTA APOSTÓLICA
*** DESIDERIO DESIDERAVI***

PAPA FRANCISCO

CARTA APOSTÓLICA
DESIDERIO DESIDERAVI

SOBRE A FORMAÇÃO LITÚRGICA
DO POVO DE DEUS

Paulinas

Direção-geral: *Flávia Reginatto*
Editora responsável: *Vera Bombonatto*

© Amministrazione del Patrimonio della Santa Sede Apostolica
© Dicastero per la Comunicazione - Libreria Editrice Vaticana, 2022
Tradução: © Conferência Nacional dos Bispos do Brasil
Tradutor: João Vítor Gonzaga Moura

1ª edição – 2022
4ª reimpressão – 2024

Nenhuma parte desta obra poderá ser reproduzida ou transmitida por qualquer forma e/ou quaisquer meios (eletrônico ou mecânico, incluindo fotocópia e gravação) ou arquivada em qualquer sistema ou banco de dados sem permissão escrita da Editora. Direitos reservados.

Cadastre-se e receba nossas informações
paulinas.com.br
Telemarketing e SAC: 0800-7010081

Paulinas
Rua Dona Inácia Uchoa, 62
04110-020 – São Paulo – SP (Brasil)
📞 (11) 2125-3500
✉ editora@paulinas.com.br

© Pia Sociedade Filhas de São Paulo – São Paulo, 2022

LISTA DE SIGLAS

EG   *Evangelii Gaudium*
IGMR Instrução Geral do Missal Romano
LG   *Lumen Gentium*
SC   *Sacrosanctum Concilium*

COMUNICADO OFICIAL DO DICASTÉRIO PARA O CULTO DIVINO E A DISCIPLINA DOS SACRAMENTOS

29 de junho de 2022

Na Solenidade dos Apóstolos Pedro e Paulo (29 de junho de 2022), o Papa Francisco publicou a Carta Apostólica *Desiderio Desideravi:* sobre a formação litúrgica do Povo de Deus, um texto dirigido aos bispos, aos padres e diáconos, às pessoas consagradas e aos fiéis leigos.

Trata-se de um documento que reúne e reelabora, de forma original, as *proposições* advindas da sessão plenária da Congregação para o Culto Divino e a Disciplina dos Sacramentos (12 a 15 de fevereiro de 2019) sobre o mesmo tema.

Esta Carta segue aquela dirigida somente aos bispos por ocasião da publicação do *motu proprio Traditionis Custodes*, cujo primeiro propósito é o de prosseguir "na busca constante pela comunhão eclesial" em torno da unidade de expressão da *lex orandi* do Rito romano, que se exprime nos livros da reforma litúrgica desejada pelo Concílio Vaticano II.

O tom do Documento não é o de uma instrução ou de um diretório: trata-se, antes, de um texto de meditação, com um vívido caráter bíblico, patrístico e litúrgico, que oferece muitas motivações para compreender a beleza da verdade da Celebração Litúrgica.

Da Liturgia nasce e se fortalece a comunhão vivida na caridade fraternal, primeira e mais eficaz testemunha do Evangelho. Escreve o Papa Francisco (n. 37): "Uma celebração que não evangeliza não é autêntica, tampouco um anúncio que não leva ao encontro com o Ressuscitado na celebração: ambos, portanto, se carentes do testemunho da caridade, são como 'um bronze que soa ou um címbalo que retine (1Cor 13,1)'".

Em diversos pontos, o Santo Padre afirma não ter a intenção de abordar essas questões de maneira a esgotá-las: são oferecidas, todavia, muitas indicações sobre o significado teológico da Liturgia, sobre a necessidade de uma formação litúrgica séria e vital para todo o Povo de Deus e sobre a importância formativa de um *ars celebrandi* que dissesse respeito não somente a quem preside.

O texto alerta para as armadilhas do individualismo e do subjetivismo (que mais uma vez nos remetem ao pelagianismo e ao gnosticismo), bem como para um espiritualismo abstrato. Somos chamados a recuperar a capacidade – fundamental para a Liturgia – de ação e de compreensão simbólica.

Diante do desejo ardente de Jesus (*Desiderio desideravi* – Lc 22,15) de nos fazer partícipes do seu Corpo e do seu Sangue, não podemos fazer outra coisa senão acolher o convite que o Santo Padre dirige a todo o Povo de Deus: "Abandonemos as controvérsias para ouvirmos juntos o que o Espírito diz à Igreja, guardemos a comunhão, continuemos a nos maravilhar com a beleza da Liturgia. A Páscoa nos foi dada, deixemo-nos envolver pelo desejo que o Senhor continua a ter de poder comê-la conosco. Sob o olhar de Maria, Mãe da Igreja" (n. 65).

Desiderio desideravi
hoc Pascha manducare vobiscum,
antequam patiar.[1]
(Lc 22,15)

---

[1] Na tradução oficial da Bíblia pela CNBB: "Tenho desejado ardentemente comer convosco esta ceia pascal, antes de padecer" (Lc 22,15).

1. Caríssimos irmãos e irmãs,

Com esta Carta desejo me dirigir a todos – depois de já ter escrito aos bispos após a publicação do *motu proprio Traditionis Custodes*[2] – para condividir convosco algumas reflexões sobre a Liturgia, dimensão fundamental para a vida da Igreja. O tema é muito amplo e merece uma atenta consideração em todos os seus aspectos: todavia, com este escrito, não pretendo tratar da questão de modo exaustivo. Gostaria simplesmente de oferecer alguns elementos de reflexão a fim de contemplar a beleza e a verdade da celebração cristã.

A Liturgia: o "hoje" da história da salvação

2. *"Tenho desejado ardentemente comer convosco esta ceia pascal, antes de padecer"* (Lc 22,15). As palavras de Jesus, com as quais se abre o relato da Última Ceia, são a fresta por meio da qual nos é dada a surpreendente possibilidade de intuir a profundidade do amor das Pessoas da Santíssima Trindade para conosco.

---

[2] FRANCISCO. Carta Apostólica em forma de *motu proprio Traditionis Custodes*: sobre o uso da liturgia romana anterior à reforma de 1970. (Documentos Pontifícios, 49). Brasília: Edições CNBB, 2021.

3. Pedro e João foram enviados com a finalidade de preparar o necessário para poder comer a Páscoa; mas, observando melhor, toda a criação, toda a história – que finalmente estava prestes a se revelar como história de salvação –, é uma grande preparação para aquela Ceia. Pedro e os outros estão naquela mesa inconscientes, mas são necessários: todo dom, para ser dom, deve ter alguém disposto a recebê-lo. Nesse caso, a desproporção entre a imensidão do dom e a pequenez de quem o recebe é infinita e não pode deixar de nos surpreender. No entanto – por misericórdia do Senhor – o dom é confiado aos apóstolos para que seja levado a todos os homens.

4. Ninguém conquistou um lugar naquela Ceia, todos foram convidados, ou melhor, atraídos pelo desejo ardente que Jesus teve de comer aquela Páscoa com eles: ele sabe que é o Cordeiro dessa Páscoa, sabe que ele é a Páscoa. Essa é a novidade absoluta dessa Ceia, a única verdadeira novidade da história, que faz com que tal Ceia seja única e, portanto, "última", irrepetível. Todavia, seu desejo infinito de restabelecer essa comunhão conosco, que era e continua sendo o plano original, não pode ser saciado até que cada homem, *de toda tribo, língua, povo e nação* (Ap 5,9), tenha comido do seu Corpo e bebido do seu Sangue: por essa razão, aquela mesma Ceia se fará presente, até o seu retorno, na celebração da Eucaristia.

5. O mundo ainda não o sabe, mas todos são *convidados para o banquete das núpcias do Cordeiro* (Ap 19,9). Para se ter acesso, é necessário somente a veste nupcial da fé, que se adquire pela escuta de sua Palavra (cf. Rm 10,17): a Igreja a confecciona sob medida e com a candura de um tecido *lavado no Sangue do Cordeiro* (cf. Ap 7,14). Não deveríamos ter sequer um momento de descanso, sabendo que nem todos ainda receberam o convite à Ceia, ou que outros o esqueceram ou se perderam nos caminhos tortuosos da vida dos homens. Por isso, disse que "sonho com uma opção missionária capaz de transformar tudo, para que os costumes, os estilos, os horários, a linguagem e toda a estrutura eclesial se tornem um canal proporcionado mais à evangelização do mundo atual que à autopreservação" (EG, n. 27):[3] para que todos possam sentar-se à Ceia do sacrifício do Cordeiro e viver dele.

6. Antes de nossa resposta ao convite que ele faz – muito antes –, existe seu desejo de nós: pode acontecer

---

[3] FRANCISCO. Exortação Apostólica *Evangelii Gaudium*: a alegria do Evangelho sobre o anúncio do Evangelho no mundo atual. (Documentos Pontifícios, 17). Brasília: Edições CNBB, 2015.

de não estarmos conscientes disso, mas, todas as vezes que vamos à missa, nós o fazemos porque somos atraídos pelo desejo que ele tem de nós. De nossa parte, a resposta possível – e o ascetismo mais exigente – é, como sempre, a de se render ao seu amor, de querer se deixar ser atraído por ele. Certamente, cada comunhão nossa com o Corpo e o Sangue de Cristo foi desejada por ele na Última Ceia.

7. O conteúdo do pão partido é a cruz de Jesus, seu sacrifício em obediência de amor ao Pai. Se não houvesse tido a Última Ceia, ou seja, a antecipação ritual de sua morte, não poderíamos compreender como a execução de sua sentença de morte poderia ser o ato de culto perfeito e agradável ao Pai, o único e verdadeiro ato de culto. Algumas horas depois, os apóstolos poderiam ter visto na cruz de Jesus, se tivessem suportado seu peso, o que significava "corpo oferecido", "sangue derramado": e é disso que fazemos memória em cada Eucaristia. Quando ele retorna, ressuscitado dos mortos, para repartir o pão para os discípulos de Emaús e para os que voltaram a pescar peixes – e não homens – no mar da Galileia, esse gesto abre os olhos deles, cura-os da cegueira infligida pelo horror da cruz, tornando-os capazes de "ver" o Ressuscitado, de acreditar na Ressurreição.

8. Se tivéssemos chegado a Jerusalém depois de Pentecostes e sentido o desejo de não só ter notícias sobre Jesus de Nazaré, mas de poder encontrá-lo, não teríamos outra possibilidade senão procurar os seus para escutar suas palavras e ver seus gestos, mais vivos do que nunca. Não poderíamos ter outra possibilidade de um verdadeiro encontro com ele senão na comunidade que celebra. Por isso, a Igreja sempre guardou, como seu tesouro mais precioso, o mandato do Senhor: "Fazei isto em memória de mim".

9. Desde os primórdios, a Igreja esteve ciente de que não se tratava de uma representação, ainda que sagrada, da Ceia do Senhor: não teria nenhum sentido e ninguém poderia ter pensado em "encenar" – ainda mais sob o olhar de Maria, a Mãe do Senhor – aquele momento excelso da vida do Mestre. Desde o início, a Igreja compreendeu, iluminada pelo Espírito Santo, que tudo o que era visível de Jesus, o que podia ser visto com os olhos e tocado com as mãos, suas palavras e gestos, a concretude da Palavra encarnada, havia passado para a celebração dos sacramentos.[4]

---

[4] LEÃO MAGNO. *Sermo LXXIV: De ascensione Domini* II,1: "*quod [...] Redemptoris nostri conspicuum fuit, in sacramenta transivit*".

A Liturgia: lugar do encontro com Cristo

10. Aqui está toda a potente beleza da Liturgia. Se a Ressurreição fosse para nós um conceito, uma ideia, um pensamento; se o Ressuscitado fosse para nós uma recordação da recordação de outros, por mais autorizados que fossem os apóstolos, se não nos fosse dada também a possibilidade de um verdadeiro encontro com ele, seria como declarar esgotada a novidade do Verbo feito carne. Em vez disso, a Encarnação, além de ser o único e novo acontecimento que a história conhece, é também o método que a Santíssima Trindade escolheu para abrir o caminho da comunhão a nós. A fé cristã, ou é um encontro vivo com ele, ou não é.

11. A Liturgia nos garante a possibilidade desse encontro. Não nos serve uma vaga recordação da Última Ceia: nós precisamos estar presentes naquela Ceia, a fim de poder escutar a sua voz, comer do seu Corpo e beber do seu Sangue: nós precisamos dele. Na Eucaristia e em todos os sacramentos, é garantida a nós a possibilidade de encontrarmos o Senhor Jesus e de sermos alcançados pelo poder da sua Páscoa. O poder salvífico do sacrifício de Jesus, de cada palavra sua, cada gesto, olhar e sentimento, chega até nós na celebração dos sacramentos. Eu sou Nicodemos e a

Samaritana, o possesso de Cafarnaum e o paralítico na casa de Pedro, a pecadora perdoada e a hemorroíssa, a filha de Jairo e o cego de Jericó, sou Zaqueu e Lázaro, o ladrão e Pedro perdoados. O Senhor Jesus, que *"imolado, já não morre; e, morto, vive eternamente"*[5] continua a perdoar-nos, curar-nos e salvar-nos com o poder dos sacramentos. É a forma concreta, por meio da Encarnação, com a qual ele nos ama; é a maneira pela qual ele sacia essa sede por nós, declarada na cruz (Jo 19,28).

12. O primeiro encontro nosso com a sua Páscoa é o acontecimento que assinala a vida de todos nós que cremos em Cristo: nosso Batismo. Não se trata de uma adesão mental ao seu pensamento ou de uma submissão a um código de conduta imposto por ele. É, na verdade, a imersão em sua Paixão, morte, Ressurreição e Ascensão. Não é um gesto mágico: a magia é o oposto da lógica dos sacramentos, porque ela pretende ter poder sobre Deus e, por isso, vem do Tentador. Em perfeita continuidade com a Encarnação, é dada a nós a possibilidade, em virtude da presença e da ação do Espírito, de morrer e ressuscitar em Cristo.

---

[5] MISSAL ROMANO. *Prefácio da Páscoa, III*: *"Qui immolátus iam non móritur, sed semper vivit occísus"*. 2. ed. São Paulo: Paulus, 1992, p. 423.

13. A maneira como isso acontece é comovente. A oração de bênção da água batismal[6] nos revela que Deus criou a água precisamente em vista do Batismo. Isso significa que, enquanto Deus criava a água, ele pensava no Batismo de cada um de nós, e esse pensamento o acompanhou em sua ação ao longo da história da salvação todas as vezes que ele, com um desígnio preciso, quis se servir da água. É como se, depois de criá-la, ele quisesse aperfeiçoá-la para chegar a ser a água do Batismo. E assim ele a quis cumular com o movimento do seu Espírito, que pairava sobre ela (cf. Gn 1,2), para que ela pudesse conter, em gérmen, o poder de santificar; ele a usou para regenerar a humanidade no dilúvio (cf. Gn 6,1–9,29); ele a dominou, separando-a para abrir uma estrada de libertação no mar Vermelho (cf. Ex 14); ele a consagrou no Jordão, nela submergindo a carne do Verbo, imbuída do Espírito (cf. Mt 3,13-17; Mc 1,9-11; Lc 3,21-22). Por fim, ele a misturou com o Sangue do seu Filho – dom do Espírito inseparavelmente unido ao dom da vida e da morte do Cordeiro imolado por nós – e, do lado transpassado, ele a derramou sobre nós (Jo 19,34). Nessa água fomos submersos para que, pelo seu poder, pudéssemos ser enxertados no Corpo

---

[6] MISSAL ROMANO. *Bênção da água batismal – Vigília Pascal.* 2. ed. São Paulo: Paulus, 1992, p. 286.

de Cristo e, com ele, ressurgirmos para a vida imortal (cf. Rm 6,1-11).

A Igreja: sacramento do Corpo de Cristo

14. Como nos recorda o Concílio Vaticano II (cf. SC, n. 5),[7] citando a Escritura, os padres e a Liturgia – os pilares da verdadeira Tradição –, *do Coração traspassado de Cristo morto na cruz, nasceu o admirável sacramento de toda a Igreja.*[8] O paralelo entre o primeiro e o novo Adão é surpreendente: assim como, do lado do primeiro Adão, depois de ter feito descer um torpor sobre ele, Deus formou Eva; do lado do novo Adão, adormecido no sono da morte, nasce a nova Eva, a Igreja. O espanto está nas palavras que, poderíamos imaginar, o novo Adão faz suas ao olhar para a Igreja: "Desta vez, é osso dos meus ossos e carne da minha carne!" (Gn 2,23). Por ter acreditado na Palavra e descido à água do Batismo, nós nos tornamos ossos dos seus ossos, carne de sua carne.

---

[7] CONCÍLIO VATICANO II. Constituição *Sacrosanctum Concilium*: sobre a Sagrada Liturgia. In: SANTA SÉ. *Concílio Ecumênico Vaticano II:* Documentos. Brasília: Edições CNBB, 2018, p. 21-74.

[8] AGOSTINHO. *Enarrationes in psalmos. Ps. 138,2; Oratio post septimam lectionem, Vigilia Paschalis, Missale Romanum* [no Missal Romano em português: p. 282]; *Super oblata, Pro Ecclesia (B), Missale Romanum* [no Missal Romano em português: p. 877].

15. Sem essa incorporação não há qualquer possibilidade de viver a plenitude do culto a Deus. De fato, um só é o ato de culto perfeito e agradável ao Pai, a obediência do Filho, cuja medida é a sua morte na cruz. A única possibilidade de participar de sua oferenda é se tornando filhos no Filho. É esse o dom que recebemos. O sujeito que age na Liturgia é sempre e somente Cristo-Igreja, o Corpo místico de Cristo.

O sentido teológico da Liturgia

16. Devemos ao Concílio – e ao movimento litúrgico que o precedeu – a redescoberta da compreensão teológica da Liturgia e da sua importância na vida da Igreja: os princípios gerais enunciados pela *Sacrosanctum Concilium*, assim como foram fundamentais para a intervenção da reforma, continuam sendo para a promoção dessa participação plena, consciente, ativa e frutuosa na celebração (cf. SC, n. 11 e 14), "primeira e indispensável fonte da qual os fiéis poderão beber o espírito verdadeiramente cristão" (SC, n. 14). Com esta Carta, eu gostaria simplesmente de convidar toda a Igreja para redescobrir, custodiar e viver a verdade e a força da celebração cristã. Gostaria que a beleza da celebração cristã e suas necessárias consequências na vida da Igreja não fossem deturpadas por uma compreensão superficial e redutiva do seu valor ou, pior ainda, por uma instrumentalização a serviço de alguma visão ideológica, seja qual for. A oração sacerdotal de Jesus na Última Ceia, para que todos sejam um (Jo 17,21), julga todas as nossas divisões em torno do pão partido, *sacramento de piedade, sinal de unidade, vínculo de caridade.*[9]

A Liturgia: antídoto contra o veneno do mundanismo espiritual

17. Em diversas ocasiões tenho alertado sobre uma perigosa tentação para a vida da Igreja, que é o "mundanismo espiritual": falei dessa tentação na Exortação *Evangelii Gaudium* (n. 93-97), identificando, no gnosticismo e no neopelagianismo, os dois modos que, conectados entre si, o alimentam.

O primeiro reduz a fé cristã a um subjetivismo que fecha o indivíduo "na imanência da sua própria razão ou dos seus sentimentos" (EG, n. 94).

O segundo anula o valor da graça para confiar somente nas próprias forças, dando lugar "a um elitismo narcisista e autoritário, onde, em vez de evangelizar, se

---

[9] AGOSTINHO. *In Ioannis Evangelium tractatus* XXVI,13.

analisam e classificam os demais e, em vez de facilitar o acesso à graça, consomem-se as energias em controlar" (EG, n. 94).

Essas formas distorcidas de cristianismo podem ter consequências desastrosas para a vida da Igreja.

18. Daquilo que quis recordar acima, fica evidente que a Liturgia é, por sua própria natureza, o antídoto mais eficaz contra esses venenos. Evidentemente, falo da Liturgia em seu sentido teológico e – já Pio XII o afirmava – não como *um cerimonial decorativo* ou um *mero conjunto de leis e preceitos* que regulam o cumprimento dos ritos.[10]

19. Se o gnosticismo nos intoxica com o veneno do subjetivismo, a Celebração Litúrgica nos liberta da prisão de uma autorreferencialidade alimentada pela própria razão ou sentimento: a ação celebrativa não pertence ao indivíduo; mas, sim, a Cristo-Igreja, à totalidade dos fiéis unidos em Cristo. A Liturgia não diz "eu", mas "nós", e qualquer limitação da amplitude desse "nós" é sempre demoníaca. A Liturgia não nos deixa sozinhos na busca de um presumido conhecimento individual do Mistério de Deus, mas nos leva

---

[10] PIO XII. Carta Encíclica *Mediator Dei*, 20 de novembro de 1947. In: *AAS* 39 (1947) 532.

pela mão, juntos, como assembleia, para nos conduzir ao mistério que a Palavra e os sinais sacramentais nos revelam. Faz isso em coerência com o agir de Deus, seguindo o caminho da Encarnação, pela linguagem simbólica do corpo, que se estende às coisas, ao espaço e ao tempo.

20. Se o neopelagianismo nos intoxica com a presunção de uma salvação alcançada por nossas próprias forças, a Celebração Litúrgica nos purifica, proclamando a gratuidade do dom da salvação recebida na fé. Participar no Sacrifício Eucarístico não é conquista nossa, como se pudéssemos nos vangloriar diante de Deus e de nossos irmãos e irmãs. O início de cada celebração me recorda quem sou, pedindo-me para confessar meus pecados e convidando-me a pedir a Bem-Aventurada sempre Virgem Maria, aos anjos, aos santos e a todos os irmãos e irmãs, que roguem por mim ao Senhor: certamente não somos dignos de entrar na casa dele, precisamos de uma palavra sua para sermos salvos (cf. Mt 8,8). Não temos outra glória senão a cruz de nosso Senhor Jesus Cristo (cf. Gl 6,14). A Liturgia nada tem a ver com um moralismo ascético: é o dom da Páscoa do Senhor que, acolhido com docilidade, faz nova a nossa vida. Só se entra no cenáculo pela força de atração do seu desejo de comer a Páscoa conosco:

"Desiderio desideravi hoc Pascha manducare vobiscum, antequam patiar" (Lc 22,15).

Redescobrir, a cada dia, a beleza da verdade da celebração cristã

21. Devemos, porém, estar atentos: para que o antídoto da Liturgia seja eficaz, é-nos pedido redescobrir, a cada dia, a beleza da verdade da celebração cristã. Refiro-me novamente ao seu significado teológico, assim como está admiravelmente descrito no n. 7 da *Sacrosanctum Concilium*: a Liturgia é o sacerdócio de Cristo revelado e entregue a nós em sua Páscoa, presente e ativo hoje por meio dos sinais sensíveis (água, óleo, pão, vinho, gestos, palavras), para que o Espírito, submergindo-nos no Mistério pascal, transforme toda a nossa vida, conformando-nos a Cristo cada vez mais.

22. A contínua redescoberta da beleza da Liturgia não é a busca por um esteticismo ritual, que se satisfaz somente no cuidado com a formalidade exterior de um rito ou que se apega a uma observância escrupulosa de rubricas. Obviamente, esta afirmação não pretende aprovar, de forma alguma, a atitude oposta, que confunde simplicidade com banalidade desleixada, ou essencialidade com superficialismo ignorante, ou, ainda, a concretude da ação ritual com um exasperado funcionalismo prático.

23. Sejamos claros: deve-se cuidar de todos os aspectos da celebração (espaço, tempo, gestos, palavras, objetos, vestimentas, cantos, música ...), e cada rubrica deve ser observada: essa atenção seria suficiente para não furtar a assembleia do que lhe é devido, isto é, o Mistério pascal celebrado na modalidade ritual que a Igreja estabelece. Porém, ainda que a qualidade e a norma da ação celebrativa estivessem garantidas, isso não seria suficiente para tornar plena a nossa participação.

O estupor diante do Mistério pascal: parte essencial da ação litúrgica

24. Se faltasse o estupor diante do Mistério pascal, que se faz presente na realidade dos sinais sacramentais, poderíamos realmente correr o risco de ser impermeáveis ao oceano de graça que inunda cada celebração. Não bastam os esforços, ainda que louváveis, em favor de uma melhor qualidade da celebração, tampouco um chamado à interioridade: também esta última, se não acolhe a revelação do Mistério cristão, corre o risco de se reduzir a uma subjetividade vazia. O encontro com Deus não é fruto de uma busca interior individualista por ele; mas, sim, um acontecimento que é dom: podemos encontrar a Deus pelo fato novo da Encarnação, que, na Última Ceia, chega ao extremo de desejar se fazer alimento por nós. Como pode acontecer o infortúnio de nos escapar o fascínio pela beleza deste dom?

25. Ao falar do estupor diante do Mistério pascal, não me refiro, de forma alguma, ao que às vezes me parece querer exprimir a nebulosa expressão "sentido do mistério": às vezes, presente entre as supostas acusações contra a reforma litúrgica, está a de – diz-se – tê-lo eliminado da celebração. O estupor do qual estou falando não é uma espécie de desorientação diante de uma realidade obscura ou de um rito enigmático, mas é, pelo contrário, a admiração pelo fato de que o plano salvífico de Deus nos tenha sido revelado na Páscoa de Jesus (cf. Ef 1,3-14), cuja eficácia continua a chegar até nós na celebração dos "mistérios", ou seja, dos sacramentos. Todavia, continua sendo verdadeiro que a plenitude da revelação tem, com relação à nossa finitude humana, um excedente que nos transcende e que terá seu cumprimento no fim dos tempos, quando o Senhor voltar. Se o estupor *é* verdadeiro, não há nenhum risco de não perceber a alteridade da presença de Deus, mesmo na proximidade desejada pela Encarnação. Se a reforma tivesse eliminado esse "sentido do mistério", mais do que uma acusação, seria uma nota de mérito. A beleza, como a verdade, sempre gera admiração e, quando se refere ao mistério de Deus, leva à adoração.

26. O estupor é parte essencial da ação litúrgica, porque é a atitude de quem sabe que está diante da peculiaridade dos gestos simbólicos; é a admiração de quem experimenta a força do símbolo, que não consiste em uma referência a um conceito abstrato; mas, sim, em conter e expressar, concretamente, aquilo que significa.

A necessidade de uma séria e vital formação litúrgica

27. A questão fundamental é, portanto, esta: como recuperar a capacidade de viver a ação litúrgica em sua plenitude? A reforma do Concílio tem esse objetivo. O desafio é muito exigente, pois o homem moderno – não em todas as culturas ou da mesma forma – perdeu a capacidade de se confrontar com a ação simbólica, que é uma característica essencial do ato litúrgico.

28. A pós-modernidade – na qual o homem se sente ainda mais perdido, sem referências de qualquer tipo, desprovido de valores, porque se tornou indiferente, órfão de tudo, em uma fragmentação na qual parece impossível um horizonte de sentido – segue carregada da pesada herança deixada pela época anterior, repleta de individualismo e subjetivismo (que mais uma vez recordam o pelagianismo e o gnosticismo), como também de um espiritualismo abstrato que contradiz a própria natureza do homem, espírito encarnado e, portanto, em si mesmo, capaz de ação e compreensão simbólica.

29. É com a realidade da modernidade que a Igreja, reunida em Concílio, quis se confrontar, reafirmando a consciência de ser sacramento de Cristo, *Luz dos povos* (*Lumen Gentium*), colocando-se em religiosa escuta da *Palavra de Deus* (*Dei Verbum*) e reconhecendo como suas as *alegrias e as esperanças* (*Gaudium et Spes*) dos homens de hoje. As grandes Constituições conciliares são inseparáveis, e não é por acaso que essa única grande reflexão do Concílio Ecumênico – a mais alta expressão da sinodalidade da Igreja, de cuja riqueza estou chamado a ser, com todos vós, o guardião – tenha começado com a Liturgia (*Sacrosanctum Concilium*).

30. Concluindo a segunda sessão do Concílio (4 de dezembro de 1963), São Paulo VI se expressou da seguinte forma:

Não ficou sem fruto a discussão difícil e intrincada, pois um dos temas – o primeiro a ser examinado e o primeiro, em certo sentido, na excelência intrínseca e na importância para a vida da Igreja – o da sagrada Liturgia, foi felizmente concluído e é hoje por nós solenemente promulgado. Exulta o nosso espírito com este resultado. Vemos que se respeitou nele a escala dos valores e dos deveres: Deus, em primeiro lugar; a oração, a nossa primeira obrigação; a Liturgia, fonte primeira da vida divina que nos é comunicada, primeira escola da nossa vida espiritual, primeiro dom que podemos oferecer ao povo cristão que junto a nós crê e ora, e primeiro convite dirigido ao mundo para que solte a sua língua muda em oração feliz e autêntica e sinta a inefável força regeneradora, ao cantar conosco os divinos louvores e as esperanças humanas, por Cristo Nosso Senhor e no Espírito Santo.[11]

31. Nesta Carta não será possível me deter na riqueza de cada uma das expressões, que deixo para vossa meditação. Se a Liturgia é "o cume para o qual tende a atividade da Igreja e, ao mesmo tempo, é a fonte da qual emana toda a sua força" (SC, n. 10), compreendemos bem o que está em jogo na questão litúrgica. Seria banal ler as tensões, infelizmente presentes em torno da celebração, como uma simples divergência

---

[11] CONCÍLIO VATICANO II. Discurso do Papa Paulo VI na Conclusão da 2ª Sessão do Concílio Vaticano II. In: SANTA SÉ. *Concílio Ecumênico Vaticano II: Documentos*. Brasília: Edições CNBB, 2018, p. 791.

entre diferentes sensibilidades sobre uma forma ritual. A problemática é, antes de tudo, eclesiológica. Não vejo como se pode dizer que se reconhece a validade do Concílio – mesmo que me surpreenda um pouco que um católico possa presumir não o fazer – e não aceitar a reforma litúrgica nascida da *Sacrosanctum Concilium*, que expressa a realidade da Liturgia em conexão íntima com a visão da Igreja descrita admiravelmente na *Lumen Gentium*. Por essa razão – como expliquei na carta enviada a todos os bispos –, senti o dever de afirmar que "os livros litúrgicos promulgados pelos Santos Pontífices Paulo VI e João Paulo II, de acordo com os Decretos do Concílio Vaticano II, são a única expressão da *lex orandi* do Rito romano".[12]

A falta de acolhimento da reforma, bem como a compreensão superficial dela, distrai-nos do empenho de encontrar respostas para a pergunta que volto a repetir: como crescer na capacidade de viver a ação litúrgica em plenitude? Como continuar a nos surpreender com o que acontece diante de nossos olhos na celebração? Precisamos de uma séria e vital formação litúrgica.

32. Voltemos de novo ao cenáculo de Jerusalém: na manhã de Pentecostes, nasce a Igreja, célula inicial

---

[12] FRANCISCO. Carta Apostólica em forma de *motu proprio Traditionis Custodes*: sobre o uso da liturgia romana anterior à reforma de 1970. (Documentos Pontifícios, 49). Brasília: Edições CNBB, 2021, artigo 1.

da humanidade nova. Somente a comunidade de homens e mulheres reconciliados, porque perdoados; vivos, porque ele está vivo; verdadeiros, porque habitados pelo Espírito da verdade, pode abrir o angusto espaço do individualismo espiritual.

33. É a comunidade de Pentecostes que pode partir o pão na certeza de que o Senhor está vivo, ressuscitado dos mortos, presente com sua palavra, com seus gestos, com a oferenda de seu Corpo e de seu Sangue. Daquele momento em diante, a celebração se torna o lugar privilegiado, não o único, do encontro com ele. Sabemos que, somente graças a esse encontro, o homem chega a ser plenamente homem. Só a Igreja de Pentecostes pode conceber o homem como pessoa, aberta a uma relação plena com Deus, com a criação e com os irmãos.

34. Aqui se apresenta a questão decisiva da formação litúrgica. Diz Guardini: "Assim se delineia também a primeira tarefa prática: sustentados por essa transformação interior do nosso tempo, devemos aprender novamente a nos colocar diante da relação religiosa como homens em sentido pleno".[13] É isso que a Liturgia

---

[13] GUARDINI, R. *Liturgische Bildung* (1923). In: *Liturgie und liturgische Bildung* (Mainz, 1992), p. 43 (tradução nossa).

torna possível, é nisso que nos devemos formar. O próprio Guardini não hesita em afirmar que, sem formação litúrgica, "as reformas no rito e no texto não ajudam muito".[14] Não pretendo agora tratar do riquíssimo tema da formação litúrgica de maneira exaustiva: gostaria apenas de oferecer alguns pontos de reflexão. Acredito que podemos distinguir dois aspectos: a formação à Liturgia e a formação a partir da Liturgia. O primeiro está em função do segundo, que é essencial.

35. É necessário encontrar os canais para uma formação como estudo da Liturgia: a partir do movimento litúrgico, muito tem sido feito nesse sentido, com valiosas contribuições de muitos estudiosos e instituições acadêmicas. No entanto, é preciso difundir esse conhecimento fora do âmbito acadêmico, de modo acessível, para que todo fiel possa crescer em um conhecimento do sentido teológico da Liturgia – esta é a questão decisiva e fundamental de todo conhecimento e prática litúrgica –, bem como do desenvolvimento das celebrações cristãs, adquirindo a capacidade de compreender os textos eucológicos, os dinamismos rituais e seu valor antropológico.

---

[14] GUARDINI, R. *Der Kultakt und die gegenwärtige Aufgabe der Liturgischen Bildung* (1964). In: *Liturgie und liturgische Bildung* (Mainz, 1992), p. 14 (tradução nossa).

36. Penso na normalidade das nossas assembleias, que se reúnem para celebrar a Eucaristia no dia do Senhor, domingo após domingo, Páscoa após Páscoa, em momentos particulares da vida das pessoas e das comunidades, nas diferentes idades da vida: os ministros ordenados realizam uma ação pastoral de primeira importância quando tomam os fiéis batizados pela mão para conduzi-los à repetida experiência da Páscoa. Recordemos sempre que é a Igreja, Corpo de Cristo, o sujeito celebrante, não apenas o sacerdote. O conhecimento que vem do estudo é apenas o primeiro passo para poder entrar no Mistério celebrado. É evidente que, para conduzir os irmãos e irmãs, os ministros que presidem a assembleia devem conhecer o caminho, tanto por tê-lo estudado no mapa da ciência teológica quanto por tê-lo frequentado na prática de uma experiência de fé viva, alimentada pela oração, certamente não só como um compromisso a ser cumprido. No dia da ordenação, todo presbítero ouve do bispo: "Toma consciência do que vais fazer, e põe em prática o que vais celebrar, conformando tua vida ao mistério da cruz do Senhor".[15]

---

[15] *De Ordinatione Episcopi, Presbyterorum et Diaconorum*: "Agnosce quod ages, imitare quod tractabis, et vitam tuam mysterio dominicæ crucis conforma" [no Pontifical Romano em português: p. 131].

37. Também a organização do estudo da Liturgia nos seminários deve levar em consideração a extraordinária capacidade que a celebração tem de, em si, oferecer uma visão orgânica do conhecimento teológico. Cada disciplina da Teologia, a partir das suas próprias perspectivas, deve mostrar sua íntima conexão com a Liturgia, em virtude da qual se revela e se realiza a unidade da formação sacerdotal (cf. SC, n. 16). Uma abordagem litúrgico-sapiencial da formação teológica, em seminários, certamente teria efeitos positivos também na ação pastoral. Não há nenhum aspecto da vida eclesial que não encontre na Liturgia o seu ápice e a sua fonte. A pastoral em conjunto, orgânica e integrada, mais do que resultado de programas elaborados, é a consequência do colocar no centro da vida da comunidade a Celebração Eucarística dominical, fundamento da comunhão. A compreensão teológica da Liturgia não permite, de maneira alguma, entender essas palavras como se tudo fosse reduzido ao aspecto cultual. Uma celebração que não evangeliza não é autêntica, tampouco um anúncio que não leva ao encontro com o Ressuscitado na celebração: ambos, portanto, se carentes do testemunho da caridade, são como "um bronze que soa ou um címbalo que retine" (1Cor 13,1).

38. Para os ministros e para todos os batizados, a formação litúrgica, em sua primeira acepção, não é algo que possa ser conquistado de uma vez por todas: uma vez que o dom do Mistério celebrado supera a nossa capacidade de conhecimento, esse empenho certamente deverá acompanhar a formação permanente de cada um, com a humildade dos pequenos, atitude que abre ao estupor.

39. Uma última observação a respeito dos seminários: para além do estudo, devem oferecer a possibilidade de experimentar uma celebração não somente exemplar, do ponto de vista ritual, mas autêntica, vital, que permita viver a verdadeira comunhão com Deus, à qual deve tender também o saber teológico. Somente a ação do Espírito pode aperfeiçoar nossa consciência do Mistério de Deus, que não é questão de compreensão mental, mas de relação que toca a vida. Essa experiência é fundamental para que, uma vez que sejam ordenados ministros, estes possam acompanhar as comunidades no mesmo caminho de conhecimento do Mistério de Deus, que é Mistério do amor.

40. Esta última consideração nos leva a refletir sobre a segunda acepção, com a qual podemos entender a expressão "formação litúrgica". Refiro-me ao *ser formados*, cada um conforme a própria vocação, pela participação na Celebração Litúrgica. Também o conhecimento do estudo que acabo de mencionar, para que não se torne racionalismo, deve estar em função da prática da ação formativa da Liturgia em cada fiel que crê em Cristo.

41. De tudo que dissemos a respeito da natureza da Liturgia, fica evidente que o conhecimento do Mistério de Cristo, questão decisiva para a nossa vida, não consiste em uma assimilação mental de uma ideia; mas, sim, em um real envolvimento existencial com a sua Pessoa. Nesse sentido, a Liturgia não tem a ver com o "conhecimento", e sua finalidade não é primariamente pedagógica (embora tenha um grande valor pedagógico: cf. SC, n. 33), mas é louvor, ação de graças pela Páscoa do Filho, cuja força de salvação chega à nossa vida. A celebração diz respeito à realidade de sermos dóceis à ação do Espírito, que nela opera, até que Cristo seja formado em nós (cf. Gl 4,19). A plenitude da nossa formação é a conformação com Cristo. Repito: não se trata de um processo mental e abstrato, mas de se tornar ele. Essa é a finalidade para a qual foi concedido o Espírito, cuja ação é a de, sempre e unicamente, compor o Corpo de Cristo. Assim é com o pão eucarístico; assim é para cada pessoa batizada, chamada a se tornar, cada vez mais, o que recebeu como dom no Batismo, isto é:

ser membro do Corpo de Cristo. Leão Magno escreve: "Nossa participação no Corpo e no Sangue de Cristo não tende a outra coisa senão a que nos convertamos no que comemos".[16]

42. Esse envolvimento existencial acontece – em continuidade e coerência com o método da Encarnação – por via sacramental. A Liturgia é composta por elementos que são exatamente o oposto de abstrações espirituais: pão, vinho, óleo, água, perfume, fogo, cinzas, pedra, tecido, cores, corpo, palavras, sons, silêncios, gestos, espaço, movimento, ação, ordem, tempo, luz. Toda a criação é manifestação do amor de Deus: desde que esse mesmo amor se manifestou plenamente na cruz de Jesus, toda a criação é atraída por ele. Toda a criação é assumida para ser colocada a serviço do encontro com o Verbo encarnado, crucificado, morto, ressuscitado e assunto ao Pai. Assim como canta a oração sobre a água da fonte batismal, mas também sobre o óleo do santo crisma e as palavras da apresentação do pão e do vinho, frutos da terra e do trabalho humano.

43. A Liturgia rende glória a Deus, não porque possamos acrescentar alguma coisa à beleza da luz inacessível na qual ele habita (cf. 1Tm 6,16) ou à perfeição

---

[16] LEÃO MAGNO. *Sermo XII: De Passione* III,7.

do canto angélico que ressoa eternamente nas moradas celestiais. A Liturgia dá glória a Deus, porque nos permite, aqui na terra, ver a Deus na celebração dos mistérios e, ao vê-lo, ganhar vida por sua Páscoa: nós, que estávamos mortos pelos pecados, fomos revividos, pela graça, com Cristo (cf. Ef 2,5), somos a glória de Deus. Irineu, *doctor unitatis*, nos recorda: "A glória de Deus é o homem vivo, e a vida do homem consiste na visão de Deus: se já a revelação de Deus, através da criação, dá vida a todos os seres que vivem na terra, quanto mais a manifestação do Pai, através do Verbo, é causa de vida para quem vê a Deus!".[17]

44. Guardini escreve: "com isso se delineia a primeira tarefa do trabalho da formação litúrgica: o homem deve voltar a ser capaz de símbolos".[18] Essa tarefa diz respeito a todos, ministros ordenados e fiéis. A tarefa não é fácil, porque o homem moderno se tornou analfabeto, não sabe mais ler os símbolos, somente desconfia de sua existência. Isso acontece também com o símbolo do nosso corpo. É um símbolo, porque é a íntima união de alma e corpo, visibilidade da alma espiritual na ordem do corpóreo, e nisso consiste a

---

[17] IRINEU DE LIÃO. *Adversus hæreses* IV,20,7.

[18] GUARDINI, R. *Liturgische Bildung* (1923). In: *Liturgie und liturgische Bildung* (Mainz, 1992), p. 36 (tradução nossa).

singularidade humana, na especificidade da pessoa irredutível a qualquer outra forma de ser vivente. A nossa abertura ao transcendente, a Deus, é constitutiva: não a reconhecer nos leva, inevitavelmente, a uma falta de conhecimento não só de Deus, mas também de nós mesmos. Basta ver o modo paradoxal com o qual o corpo é tratado, ora cuidado de forma quase obsessiva, na busca do mito de uma eterna juventude, ora reduzido a uma materialidade à qual se nega qualquer dignidade. O fato é que não se pode dar valor ao corpo só a partir do corpo. Todo símbolo é, ao mesmo tempo, poderoso e frágil: se não é respeitado, se não é tratado por aquilo que é, quebra-se, perde sua força e torna-se insignificante.

Já não temos mais o olhar de São Francisco, que olhava para o sol – o qual chamava de irmão, porque assim o percebia – e o via *bellu e radiante cum grande splendore*, e então, cheio de admiração, cantava: *de te Altissimu, porta significatione*.[19] Ter perdido a capacidade de compreender o valor simbólico do corpo e de cada criatura faz com que a linguagem simbólica da Liturgia seja quase inacessível ao homem moderno. Não se trata, porém, de renunciar a essa linguagem: não se

---

[19] Cântico das Criaturas, *Fonti Francescane*, n. 263.

pode renunciar a ela, porque a Santíssima Trindade a escolheu para chegar a nós na carne do Verbo. Trata-se, na verdade, de recuperar a capacidade de situar e compreender os símbolos da Liturgia. Não precisamos desesperar-nos, pois no homem essa dimensão, como acabei de dizer, é constitutiva e, apesar dos males do materialismo e do espiritualismo – ambos negam a unidade corpo e alma –, está sempre pronta para reaparecer, como toda verdade.

45. A pergunta que fazemos é, portanto, como voltar a ser capazes de símbolos? Como voltar a saber lê-los, para vivê-los? Sabemos bem que a celebração dos sacramentos é – pela graça de Deus – eficaz em si mesma (*ex opera operato*), mas isso não garante um pleno envolvimento das pessoas se não houver uma forma adequada de se colocar diante da linguagem da celebração. A leitura simbólica não é uma questão de conhecimento mental, de aquisição de conceitos, mas uma experiência vital.

46. Antes de tudo, precisamos recuperar a confiança nas relações com a criação. Com isso, quero dizer que as coisas – com as quais "são feitos" os sacramentos – provêm de Deus, para ele estão orientadas e por ele foram assumidas, particularmente na Encarnação, para que se tornassem instrumentos de salvação, veículos do

Espírito, canais de graça. Aqui se percebe a distância tanto da visão materialista quanto da espiritualista. Se as coisas criadas são parte irrenunciável da ação sacramental que opera a nossa salvação, devemos nos colocar diante delas com um olhar novo, não superficial; mas, sim, respeitoso e agradecido. Desde o princípio, elas contêm a semente da graça santificante dos sacramentos.

47. Outra questão decisiva – sempre refletindo sobre como a Liturgia nos forma – é a educação necessária para poder adquirir a atitude interior que nos permite situar e compreender os símbolos litúrgicos. Expresso isso de uma maneira simples. Penso nos pais e, mais ainda, nos avós, mas também em nossos párocos e catequistas. Muitos de nós aprendemos o poder dos gestos litúrgicos – como o sinal da cruz, o ajoelhar-se, as fórmulas da nossa fé – diretamente com eles. Talvez não tenhamos uma viva memória disso, mas podemos imaginar facilmente o gesto de uma mão maior que pega a mãozinha de uma criança e a acompanha lentamente enquanto faz, pela primeira vez, o sinal da nossa salvação. O movimento é acompanhado de palavras, que também são lentas, quase como se tomassem posse de cada instante daquele gesto, de todo o corpo: "Em nome do Pai... e do Filho...

e do Espírito Santo... Amém", para, em seguida, soltar a mão da criança e, pronto para ajudá-la, observá-la repetindo sozinha aquele gesto já entregue, como se fosse um hábito, que crescerá com ela e que será vestido de uma maneira que só o Espírito conhece. A partir daquele momento, esse gesto, sua força simbólica, nos pertence ou, melhor dizendo, nós pertencemos a esse gesto, ele nos dá forma, somos formados por ele. Não é necessário falar muito nem ter compreendido tudo sobre aquele gesto: é preciso, sim, ser pequeno tanto ao entregá-lo quanto ao recebê-lo. O resto é obra do Espírito. Assim fomos iniciados na linguagem simbólica. Não podemos permitir que nos roubem essa riqueza. À medida que crescemos, podemos ter mais meios de compreender, mas sempre com a condição de seguir sendo pequenos.

Ars celebrandi

48. Um modo de guardar e crescer na compreensão vital dos símbolos da Liturgia é, certamente, cuidar da *arte de celebrar*. Essa expressão também é objeto de várias interpretações. Nós a compreendemos mais claramente tendo como referência o sentido teológico da Liturgia, descrito no n. 7 da *Sacrosanctum Concilium*, ao qual nos referimos tantas vezes. O *ars celebrandi* não pode ser reduzido à mera observância de um aparato de rubricas e tampouco pode ser pensado como uma fantasiosa – e às vezes selvagem – criatividade sem regras. O rito é, em si mesmo, uma norma, mas a norma nunca é um fim em si mesma, estando sempre a serviço da realidade mais elevada que quer custodiar.

49. Como qualquer arte, requer diversos conhecimentos.

Antes de tudo, a compreensão do dinamismo que descreve a Liturgia. O momento da ação celebrativa é o lugar no qual, por meio do memorial, se faz presente o Mistério pascal, para que os batizados, em virtude de sua participação, possam experimentá-lo em suas vidas: sem essa compreensão, facilmente se cai no "exteriorismo" (mais ou menos refinado) e no "rubricismo" (mais ou menos rígido).

É necessário, portanto, saber de que modo o Espírito Santo atua em cada celebração: a arte de celebrar deve estar em sintonia com a ação do Espírito. Só assim estará livre dos subjetivismos, que são fruto da prevalência das sensibilidades individuais e dos culturalismos, que são incorporações, sem critério, de elementos culturais que nada têm a ver com um correto processo de inculturação.

Por fim, é necessário conhecer a dinâmica da linguagem simbólica, sua peculiaridade e sua eficácia.

50. A partir dessas breves indicações, fica evidente que a arte de celebrar não pode ser improvisada. Como qualquer arte, requer aplicação constante. Para um artesão, a técnica é suficiente; para o artista, além do conhecimento técnico, não pode faltar a inspiração, que é uma forma positiva de posse: o verdadeiro artista não possui uma arte, ela o possui. Não se aprende a arte de celebrar em um curso de oratória ou de técnicas de comunicação persuasiva (não julgo as intenções, vejo os efeitos). Cada instrumento pode ser útil, mas deve estar sempre sujeito à natureza da Liturgia e à ação do Espírito. É necessária uma diligente dedicação às celebrações, deixando que a própria celebração nos transmita a sua arte. Guardini escreve: "Devemos nos dar conta do quão profundamente enraizados ainda estamos no individualismo e no subjetivismo, do quão desacostumados estamos ao apelo das 'grandezas' e do quão pequena é a medida de nossa vida religiosa. Devemos despertar o sentido da 'grandeza' de estilo da oração, a vontade de envolver a nossa existência nela. O caminho para esses objetivos, entretanto, é a disciplina, a renúncia a um sentimentalismo ameno; um trabalho sério, realizado em obediência à Igreja, em relação com o nosso ser e nosso comportamento religioso".[20] É assim que se aprende a arte de celebrar.

51. Ao falar desse tema, somos levados a pensar que ele diz respeito somente aos ministros ordenados, que desempenham o serviço da presidência. Na realidade, é uma atitude que todos os batizados são chamados a viver. Penso em todos os gestos e palavras que pertencem à assembleia: reunir-se, o caminhar em procissão, o sentar-se, o levantar-se, o ajoelhar-se, o cantar, o silenciar, o aclamar, o olhar e o escutar. São muitas as maneiras com as quais a assembleia, *como um só homem* (Ne 8,1), participa da celebração. Fazer todos juntos o mesmo gesto, falar todos juntos com uma só voz, transmite aos indivíduos a força de toda a assembleia. É uma uniformidade que não só não mortifica, mas que, ao contrário, educa cada fiel na descoberta da autêntica unicidade de sua personalidade, não em atitudes individualistas, mas na consciência de ser um só Corpo. Não se trata de ter de seguir uma etiqueta litúrgica: é antes uma "disciplina" — no sentido usado por Guardini — que, se observada com autenticidade, nos forma: são gestos e palavras que ordenam nosso mundo interior, fazendo-nos experimentar sentimentos,

---

[20] GUARDINI, R. Liturgische Bildung (1923). In: *Liturgie und liturgische Bildung* (Mainz, 1992), p. 99 (tradução nossa).

atitudes e comportamentos. Não é a enunciação de um ideal no qual tentamos nos inspirar, mas uma ação que envolve o corpo em sua totalidade, isto é, em sua unidade de corpo e alma.

52. Entre os gestos rituais que pertencem a toda a assembleia, o silêncio ocupa um lugar de absoluta importância. É expressamente prescrito várias vezes nas rubricas: toda a Celebração Eucarística está imersa no silêncio, que precede seu início e marca cada instante de seu desenrolar ritual. De fato, está presente no Ato penitencial; após o Convite à oração; na Liturgia da Palavra (antes das leituras, entre as leituras e depois da homilia); na Oração eucarística; e após a comunhão.[21] Não se trata de um refúgio no qual se esconder para um isolamento intimista, quase experienciando a ritualidade como se fosse uma distração: tal silêncio estaria em contradição com a própria essência da celebração. O silêncio litúrgico é muito mais: é o símbolo da presença e da ação do Espírito Santo, que anima toda a ação celebrativa, por isso, muitas vezes, constitui o ápice de uma sequência ritual. Precisamente por ser símbolo do Espírito, tem força para expressar sua ação multiforme. Assim, retornando aos momentos que mencionei acima,

---

[21] Cf. IGMR, n. 45; 51; 54-56; 66; 71; 78; 84; 88; 271.

o silêncio leva ao arrependimento e ao desejo de conversão; desperta a escuta da Palavra e a oração; dispõe à adoração do Corpo e Sangue de Cristo; sugere a cada um, na intimidade da comunhão, o que o Espírito quer fazer na sua vida, a fim de o conformar ao pão partido. É por isso que somos chamados a realizar, com extremo cuidado, o gesto simbólico do silêncio: nele o Espírito nos dá forma.

53. Cada gesto e cada palavra contêm uma ação precisa que é sempre nova, porque encontra um instante sempre novo de nossa vida. Permitam-me explicar com um exemplo simples. Ajoelhamo-nos para pedir perdão; para dobrar nosso orgulho; para entregar nossas lágrimas a Deus; para implorar sua intervenção; para agradecer-lhe um dom recebido: é sempre o mesmo gesto que declara, essencialmente, a nossa pequenez diante de Deus. Feito, porém, em diferentes momentos da nossa vida, molda nossa interioridade profunda e, depois, se manifesta externamente na nossa relação com Deus e com os irmãos. O ato de ajoelhar-se também deve ser feito com arte, ou seja, com plena consciência do seu significado simbólico e da necessidade que temos de exprimir com esse gesto o nosso modo de estar na presença do Senhor. Se tudo isso se aplica a esse gesto simples, quanto mais não valerá para a celebração da

Palavra? Que arte somos chamados a aprender anunciando a Palavra, ouvindo-a, fazendo dela inspiração da nossa oração, fazendo dela vida? Tudo isso merece o máximo cuidado, não apenas formal, externo, mas vital, interior, porque cada gesto e cada palavra da celebração expressos com "arte" formam a personalidade cristã do indivíduo e da comunidade.

54. Se é verdade que o *ars celebrandi* diz respeito a toda assembleia celebrante, é igualmente verdade que os ministros ordenados devem observá-lo com cuidado especial. Ao visitar as comunidades cristãs, muitas vezes notei que o seu modo de viver a celebração está condicionado — para o bem e, infelizmente, também para o mal — pela forma como o seu pároco preside a assembleia. Poderíamos dizer que existem diferentes "modelos" de presidência. Eis uma possível lista de atitudes que, apesar de opostas, caracterizam a presidência de forma certamente inadequada: rigidez austera ou criatividade exasperada; misticismo espiritualizante ou funcionalismo prático; ânsia apressada ou lentidão enfatizada; indolência desleixada ou refinamento excessivo; afabilidade superabundante ou impassividade hierática. Apesar da ampla abrangência desses exemplos, acredito que a inadequação desses modelos tem uma raiz comum: um personalismo exasperado do estilo celebrativo que, às vezes, expressa uma mania mal disfarçada de protagonismo. Muitas vezes, isso fica mais evidente quando nossas celebrações são transmitidas *on-line*, coisa que nem sempre é oportuna e sobre a qual deveríamos refletir. Vejam bem, essas não são as atitudes mais comuns, mas não raro as assembleias sofrem esses "maus-tratos".

55. Muito poderia ser dito sobre a importância e a delicadeza de presidir. Em várias ocasiões, concentrei-me na exigente tarefa de fazer a homilia (cf. EG, n. 135-144). Limito-me agora a algumas considerações mais amplas, querendo sempre refletir convosco sobre como somos formados pela Liturgia. Penso na normalidade das Missas dominicais em nossas comunidades: refiro-me, portanto, aos sacerdotes; mas, implicitamente, também a todos os ministros ordenados.

56. O sacerdote vive sua participação própria na celebração em virtude do dom recebido no sacramento da Ordem: essa particularidade se expressa precisamente na presidência. Como todos os ofícios que ele é chamado a desempenhar, o presidir não é primordialmente uma tarefa atribuída pela comunidade, mas uma consequência da efusão do Espírito Santo recebida na ordenação, que o habilita a fazê-lo. O presbítero também é formado pelo seu presidir a assembleia celebrante.

57. Para que esse serviço seja bem-feito — com arte, de fato —, é de fundamental importância que o presbítero tenha, sobretudo, uma viva consciência de ser, por misericórdia, uma presença particular do Ressuscitado. O ministro ordenado é, ele próprio, uma das modalidades da presença do Senhor, que torna a assembleia cristã única, diferente de qualquer outra (cf. SC, n. 7). Esse fato confere profundidade "sacramental" – em sentido amplo – a todos os gestos e palavras daquele que preside. A assembleia tem o direito de poder perceber naqueles gestos e palavras o desejo que o Senhor tem, hoje como na Última Ceia, de continuar a comer a Páscoa conosco. O Ressuscitado é, portanto, o protagonista, e não as nossas imaturidades, as quais buscam assumir um papel e uma atitude e um modo de se apresentar que simplesmente não lhes correspondem. O próprio sacerdote é tomado por esse desejo de comunhão que o Senhor tem para com cada um: é como se estivesse colocado entre o coração ardente do amor de Jesus e o coração de cada crente, objeto do seu amor. Presidir a Eucaristia é mergulhar no calor do Amor de Deus. Quando nos é dado compreender, ou mesmo apenas intuir, essa realidade, certamente não precisamos de um manual exigindo determinados comportamentos. Se precisamos disso, é pela dureza do nosso coração. A norma mais elevada e, portanto, mais exigente é a própria realidade da Celebração Eucarística, que seleciona palavras, gestos, sentimentos, fazendo-nos compreender se são ou não adequados à tarefa que devem desempenhar. É evidente que, mesmo isso, não pode ser improvisado: é uma arte, requer do presbítero uma aplicação, isto é, uma assídua frequência ao fogo do amor que o Senhor veio trazer à terra (cf. Lc 12,49).

58. Quando a primeira comunidade parte o pão, obedecendo ao mandamento do Senhor, faz isso sob o olhar de Maria, que acompanha os primeiros passos da Igreja: "Todos eles perseveravam na oração em comum, junto com algumas mulheres e Maria, mãe de Jesus, e com os irmãos dele" (At 1,14). A Virgem Mãe "supervisiona" os gestos de seu Filho confiados aos apóstolos. Assim como guardou em seu ventre, depois de ter acolhido as palavras do anjo Gabriel, o Verbo feito carne, a Virgem guarda, mais uma vez, no seio da Igreja aqueles gestos que constituem o Corpo do seu Filho. O sacerdote, que repete esses gestos em virtude do dom recebido com o sacramento da Ordem, está guardado no ventre da Virgem. Precisamos ditar uma norma para saber como nos comportar?

59. Tornados instrumentos para fazer arder na terra o fogo do Amor divino, guardados no seio de Maria, Virgem feita Igreja (como cantava São Francisco), os presbíteros se deixam formar pelo Espírito, que deseja levar a termo a obra iniciada em sua ordenação. A ação do Espírito lhes oferece a possibilidade de presidir a Assembleia Eucarística com o temor de Pedro, consciente de ser um pecador (cf. Lc 5,1-11), com a forte humildade de um servo sofredor (cf. Is 42ss), com o desejo de "ser alimento" para as pessoas que lhes são confiadas no exercício diário do ministério.

60. É a própria celebração que educa para esse tipo de presidência; não se trata, repetimos, de uma adesão mental, ainda que nela esteja envolvida toda a nossa mente, bem como a nossa sensibilidade. O presbítero é, portanto, formado, na presidência, pelas palavras e gestos que a Liturgia coloca em seus lábios e em suas mãos.

Ele não se senta em um trono (cf. IGMR, n. 310), porque o Senhor reina com a humildade de quem serve.

Não rouba a centralidade do altar, "*símbolo de Cristo, de cujo lado aberto correram água e sangue, os sacramentos que fazem nascer a Igreja e centro do nosso louvor e da ação de graças*".[22]

---

[22] *Prex dedicationis in Ordo dedicationis ecclesiæ et altaris* [no Pontifical Romano em português: p. 497].

Aproximando-se do altar para a oferenda, o presbítero é instruído à humildade e ao arrependimento com as palavras: "De coração contrito e humilde, sejamos, Senhor, acolhidos por vós; e seja o nosso sacrifício de tal modo oferecido que vos agrade, Senhor, nosso Deus".[23]

Ele não pode apoiar-se em si mesmo para o ministério que lhe foi confiado, porque a Liturgia o convida a suplicar que seja purificado, sob o sinal da água: "Lavai-me, Senhor, de minhas faltas e purificai-me de meus pecados".[24]

As palavras que a Liturgia põe em seus lábios têm substâncias diversas que pedem tons específicos: pela importância dessas palavras, pede-se ao presbítero uma verdadeira *ars dicendi*. Elas dão forma aos seus sentimentos íntimos, seja na súplica ao Pai em nome da assembleia, seja na exortação dirigida à assembleia, seja mesmo na aclamação, a uma só voz, com toda a assembleia.

Com a Oração eucarística — da qual participam igualmente todos os batizados, escutando *com*

---

[23] "*In spiritu humilitatis et in animo contrito suscipiamur a te, Domine; et sic fiat sacrificium nostrum in conspectu tuo hodie, ut placeat tibi, Domine Deus*" [no Missal Romano em português: p. 403].

[24] "*Lava me, Domine, ab iniquitate mea, et a peccato meo munda me*" [no Missal Romano em português: p. 403].

reverência e silêncio e intervindo com *aclamações* (IGMR, n. 78-79) —, quem preside tem a graça, em nome de todo o povo santo, de recordar ao Pai a oferenda de seu Filho na Última Ceia, para que aquele incomensurável dom se faça presente novamente no altar. Nessa oferta, ele participa com a oferenda de si mesmo. O presbítero não pode narrar a Última Ceia ao Pai sem participar dela. Ele não pode dizer: "TOMAI, TODOS, E COMEI: ISTO É O MEU CORPO, QUE SERÁ ENTREGUE POR VÓS", e não viver o mesmo desejo de oferecer seu próprio corpo, sua própria vida pelas pessoas a ele confiadas. É o que acontece no exercício do seu ministério.

A partir de tudo isso e muito mais, o presbítero é continuamente formado na ação celebrativa.

***

61. Gostaria apenas de oferecer algumas reflexões, que certamente não esgotam o imenso tesouro da celebração dos santos mistérios. Peço a todos os bispos, sacerdotes e diáconos, formadores de seminários, professores de institutos e escolas de teologia, todos os catequistas, que ajudem o povo santo de Deus a recorrer ao que sempre foi a fonte primária da espiritualidade cristã. Somos continuamente chamados a redescobrir a riqueza dos princípios gerais expostos nos primeiros números da *Sacrosanctum Concilium*, compreendendo o vínculo íntimo entre a primeira das Constituições conciliares e todas as demais. Por isso, não podemos voltar àquela forma ritual que os padres conciliares, *cum Petro* e *sub Petro*, sentiram a necessidade de reformar, aprovando, sob a guia do Espírito e de acordo com seu discernimento de pastores, os princípios dos quais nasceu a reforma. Os Santos Pontífices Paulo VI e João Paulo II, ao aprovar os livros litúrgicos reformados *ex decreto Sacrosancti Œcumenici Concilii Vaticani II*, garantiram a fidelidade da reforma ao Concílio. Por isso escrevi *Traditionis Custodes*, para que a Igreja possa elevar, nas várias línguas, *uma única e idêntica oração* capaz de exprimir a sua unidade.[25] Como já escrevi, pretendo que essa unidade se restabeleça em toda a Igreja de Rito romano.

62. Gostaria que esta Carta nos ajudasse a reavivar a admiração pela beleza da verdade da celebração cristã, a recordar a necessidade de uma autêntica formação litúrgica e a reconhecer a importância de uma *arte da celebração* que está a serviço da verdade do Mistério pascal e da participação de todos os batizados, cada um com a especificidade de sua vocação.

---

[25] PAULO VI. Constituição Apostólica *Missale Romanum*, 3 de abril de 1969. In: *AAS* 61 (1969), 222.

Toda essa riqueza não está longe de nós: está nas nossas igrejas, nas nossas festas cristãs, na centralidade do domingo, na força dos sacramentos que celebramos. A vida cristã é um caminho contínuo de crescimento: somos chamados a nos deixar formar com alegria e em comunhão.

63. Por isso, gostaria de deixar mais uma indicação para continuar nossa jornada. Convido-vos a redescobrir o sentido do *ano litúrgico* e do *dia do Senhor*: também isso nos é legado pelo Concílio (cf. SC, n. 102-111).

64. À luz do que acima referimos, entendemos que o ano litúrgico é para nós a possibilidade de crescer na consciência do Mistério de Cristo, mergulhando a nossa vida no Mistério da sua Páscoa, à espera do seu retorno. Essa é a verdadeira formação permanente. Nossa vida não é uma sucessão aleatória e caótica de acontecimentos, mas um caminho que, de Páscoa a Páscoa, nos conforma a ele, "enquanto, vivendo a esperança, aguardamos a vinda do Cristo Salvador".[26]

65. No desenrolar do tempo renovado pela Páscoa, a cada oito dias, a Igreja celebra no domingo o acontecimento da salvação. O domingo, antes de ser

---

[26] "...*exspectantes beatam spem et adventum Salvatoris nostri Iesu Christi*" (no Missal em português: p. 501).

um preceito, é um dom de Deus ao seu povo (por isso a Igreja o guarda como um preceito). A celebração dominical oferece à comunidade cristã a possibilidade de ser formada pela Eucaristia. De domingo a domingo, a Palavra do Ressuscitado ilumina a nossa existência, querendo realizar em nós aquilo para que foi enviada (cf. Is 55,10-11). De domingo a domingo, a comunhão com o Corpo e Sangue de Cristo quer também fazer da nossa vida um sacrifício agradável ao Pai, na comunhão fraterna que se torna partilha, acolhimento, serviço. De domingo a domingo, a força do pão partido sustenta o anúncio do Evangelho, no qual se manifesta a autenticidade da nossa celebração.

Abandonemos as controvérsias para ouvirmos juntos o que o Espírito diz à Igreja, guardemos a comunhão, continuemos a nos maravilhar com a beleza da Liturgia. A Páscoa nos foi dada, deixemo-nos envolver pelo desejo que o Senhor continua a ter de poder comê-la conosco. Sob o olhar de Maria, Mãe da Igreja.

Dado em Roma, em São João de Latrão,
no dia 29 de junho,
Solenidade dos Santos Apóstolos Pedro e Paulo,
no ano de 2022, décimo do meu pontificado.

Franciscus

Pasme o homem inteiro,
estremeça todo o mundo e exulte o céu
quando, sobre o altar, na mão do sacerdote,
está Cristo, Filho do Deus vivo;
Ó admirável alteza e estupenda condescendência!
Ó humildade sublime! Ó sublimidade humilde,
pois o Senhor do Universo, Deus e Filho de Deus,
de tal maneira se humilha que, por nossa salvação,
se esconde sob uma pequena forma de pão!
Vede, irmãos, a humildade de Deus
e derramai diante dele os vossos corações;
humilhai-vos também vós,
para serdes exaltados por ele.
Por isso não retenhais nada de vós
para vós mesmos, para que vos receba inteiros
aquele que a vós se dá inteiro.[27]

São Francisco de Assis
Carta a toda a Ordem II, n. 26-29

---

[27] Versão do texto disponível no site: <http://centrofranciscano.capuchinhossp.org.br/fontes-leitura?id=202&parent_id=54>.

Rua Dona Inácia Uchoa, 62
04110-020 – São Paulo – SP (Brasil)
Tel.: (11) 2125-3500
paulinas.com.br – editora@paulinas.com.br
Telemarketing e SAC: 0800-7010081